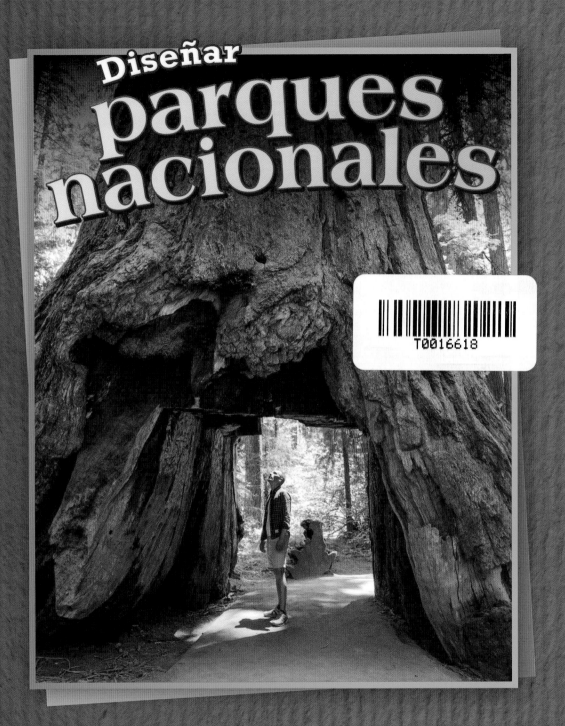

Diseñar
parques
nacionales

Dona Herweck Rice

✳ Smithsonian

© 2022 Smithsonian Institution. El nombre "Smithsonian" y el logo del Smithsonian son marcas registradas de Smithsonian Institution.

T0016618

Autora contribuyente

Alison Duarte

Asesoras

Sharon Klotz
Directora de exhibiciones
Smithsonian's National Postal Museum

Stephanie Anastasopoulos, M.Ed.
TOSA, Integración de CTRIAM
Distrito Escolar de Solana Beach

Créditos de publicación

Rachelle Cracchiolo, M.S.Ed., *Editora*
Diana Kenney, M.A.Ed., NBCT, *Realizadora de la serie*
Véronique Bos, *Directora creativa*
Caroline Gasca, *M.S.Ed., Gerenta general de contenido*
Smithsonian Science Education Center

Créditos de imágenes: págs.2–3 Kerry/Pexels; pág.6 (izquierda) Science Source; pág.6 (inferior, derecha) Catwalker/ Shutterstock; pág.7 (superior) cortesía de Getty's Open Content Program; pág.8 (superior) Timothy Hiatt/Getty Images para la National Park Foundation; pág.8 (inferior, izquierda) NPS/Neal Herbert; pág.8 (inferior, derecha) NPS/Jacob W. Frank; pág.9 (izquierda) Library of Congress [LC-DIG-ppmsca-36413]; pág.13 (inferior, izquierda), págs.14–15 (inferior), pág.15 (superior), pág.18 (superior, izquierda), pág.20 (derecha) National Park Service; pág.14 Ted Foxx/ Alamy; pág.16 (mapa) Library of Congress [HAER WYO,20-YELNAP,9- (hoja 1 de 1)]; pág.18 (superior, derecha) Library of Congress [HAER MONT,15-WEGLA,5- (hoja 2 de 3)]; pág.20 (izquierda) Library of Congress [LC-DIG-hec-18021]; pág.22 (superior, derecha) Library of Congress [HAER WYO,20-YELNAP,2–1]; pág.22 (centro) Library of Congress [HAER WYO,20-YELNAP,2–5]; pág.23 (superior) Library of Congress [HAER WYO,20-YELNAP,9- (hoja 2 de 11)]; pág.23 (inferior) U.S. Army Corps of Engineers; pág.25 (superior) Nagel Photography/Shutterstock; pág.26 (inferior) Library of Congress [LC-DIG-hec-47251]; pág.27 (superior) Jeffrey W. Lang/Science Source; pág.27 (inferior) Alan & Sandy Carey/Science Source; todas las demás imágenes cortesía de iStock y/o Shutterstock.

Library of Congress Cataloging-in-Publication Data

Names: Rice, Dona, author. | Smithsonian Institution.
Title: Diseñar parques nacionales / Dona Herweck Rice.
Other titles: Designing national parks. Spanish
Description: Huntington Beach, CA : Teacher Created Materials, 2022. |
    "Smithsonian"--Cover. | Audience: Grades 4-6 | Summary: "Visitors from
    far and wide flock to U.S. national parks to explore their beauty.
    Little do they know that the National Park Service (NPS) has been
    designing and enhancing the parks for more than a hundred years. It is
    no small task! But the NPS proves time and again that it is up to the
    job"-- Provided by publisher.
Identifiers: LCCN 2021049451 (print) | LCCN 2021049452 (ebook) | ISBN
    9781087644486 (paperback) | ISBN 9781087644950 (epub)
Subjects: LCSH: National parks and reserves--Designs and plans--United
    States--Juvenile literature.
Classification: LCC SB486.D46 R5318 2022 (print) | LCC SB486.D46 (ebook)
    | DDC 712/.5--dc23
LC record available at https://lccn.loc.gov/2021049451
LC ebook record available at https://lccn.loc.gov/2021049452

Smithsonian

© 2022 Smithsonian Institution. El nombre "Smithsonian"
y el logo del Smithsonian son marcas registradas de
Smithsonian Institution.

Teacher Created Materials

5301 Oceanus Drive
Huntington Beach, CA 92649-1030
www.tcmpub.com
ISBN 978-1-0876-4448-6
© 2022 Teacher Created Materials, Inc.

Contenido

"Nuestra tierra, nuestro hogar"

"Esta es tu tierra y mi tierra,
de California a Nueva York.
Desde los bosques hasta las islas,
es nuestra tierra, nuestro hogar".

—"Esta es tu tierra", por Woody Guthrie

Estados Unidos está lleno de paisajes asombrosos. Costas arenosas, picos imponentes, valles extensos y bosques majestuosos salpican el territorio "de mar a brillante mar". A algunas personas les gustaría **urbanizar** las tierras. También quieren usar los **recursos**. Pero los líderes del pasado hicieron algo extraordinario. Hicieron un plan para proteger y **preservar** algunos de los lugares más espectaculares del país. Esos lugares se mantienen básicamente en su estado natural. Allí crecen animales y plantas.

¿Qué hicieron esos líderes? Establecieron parques nacionales y crearon el Servicio de Parques Nacionales (NPS, por sus siglas en inglés). El NPS preserva "los recursos y los valores naturales y culturales". Lo hace "para el disfrute, la educación y la inspiración de esta y las generaciones futuras". De esa manera, todos pueden explorar "nuestra tierra, nuestro hogar".

Hay cientos de parques protegidos en el país. Cincuenta y nueve de ellos incluyen la frase "parque nacional" en su nombre oficial.

parque nacional Zion, en Utah

parque nacional del Gran Cañón, en Arizona

parque nacional de Yellowstone, en Wyoming

parque nacional de las Secuoyas, en California

Historia del NPS

A principios del siglo XIX, Estados Unidos se estaba expandiendo. Cada vez más personas se iban a vivir al Oeste para "poblar" esas tierras. Los indígenas que vivían allí se vieron obligados a irse. Ese se considera uno de los períodos más crueles de la historia de Estados Unidos. Pero en aquellos tiempos, a los nuevos pobladores no les importaba de quién eran las tierras. Pensaban que podían tomarlas.

Para la mayoría, el viaje hacia el Oeste estaba lleno de promesas. Pero otros estaban preocupados. Gran parte de las tierras del Este estaban urbanizadas. ¿Sobreviviría alguna de las maravillas naturales de Estados Unidos?

Una de esas maravillas naturales era Yosemite, en California. El naturalista John Muir pasó mucho tiempo allí. También escribió sobre la región y sacó fotos de las asombrosas vistas. Las personas comenzaron a hablar sobre la necesidad de conservar Yosemite para que otros vieran y disfrutaran el paisaje.

Durante la guerra de Secesión, el presidente Abraham Lincoln protegió Yosemite. Unos años después, el presidente Ulysses S. Grant creó el primer parque nacional en Wyoming, Yellowstone. Fue el primero de marzo de 1872. Era solo el comienzo.

La imagen de John Muir ha aparecido en monedas y estampillas postales especiales.

Esta fotografía de 1861 ayudó a convencer a Abraham Lincoln de que Yosemite debía preservarse.

CIENCIAS

Bueno para todos

Muir escribió que todos necesitan lugares "donde la naturaleza pueda sanar el cuerpo y el alma y darles fuerza". ¡La ciencia demuestra que tenía razón! Los estudios indican que quienes viven cerca de espacios al aire libre tienen menos problemas de salud física y mental. Los estudios también muestran que pasar tiempo en espacios verdes reduce las hormonas del estrés y el ritmo cardiaco.

Nigel Fields, director del NPS, da un discurso junto a una joven guardaparques por el centenario del NPS.

JUNIOR RANGER
YELLOWSTONE

El NPS tiene un programa de jóvenes guardaparques. Los niños pueden ganar insignias realizando actividades.

El presidente Theodore Roosevelt también se preocupó por los parques nacionales. Era ambientalista. Amaba la naturaleza. Durante su presidencia, creó 5 parques nacionales. Creó 18 monumentos nacionales. También protegió millones de acres de bosques.

Como parque nacional, Yellowstone fue puesto bajo el control del Departamento del Interior (DOI, por sus siglas en inglés). Otros sitios fueron puestos bajo el control de sus estados. El presidente Woodrow Wilson quería que todos los sitios estuvieran bajo control federal. El 25 de agosto de 1916, Wilson firmó una ley para crear el Servicio de Parques Nacionales. El servicio pasó a formar parte del Departamento del Interior. Hoy en día, todos los sitios protegidos dependen del NPS. Miles de personas trabajan en el NPS.

El NPS protege áreas de importancia visual, científica y cultural. Incluso la Casa Blanca está bajo su cuidado. El Congreso decide qué sitios proteger. Hay sitios protegidos en los 50 estados. Todos los territorios de Estados Unidos también tienen sitios protegidos. El NPS cuida más de 84 millones de acres. Con el tiempo, pueden agregarse y seguramente se agregarán otros sitios.

John Muir (a la izquierda) junto al presidente Theodore Roosevelt en el parque nacional Yosemite, en 1903.

NATIONAL PARK SERVICE

Department of the Interior

Proteger y disfrutar

Se dice que, al estar en la naturaleza, una persona solo debe tomar fotos y solo debe dejar sus huellas. El NPS toma muy en serio ese dicho. No solo tiene muchos sitios **diversos** bajo su cuidado, sino que también trabaja para preservar la tierra. Por eso, el NPS debe asegurarse de que cada sitio sea **funcional** para el uso público. Las personas deben poder disfrutar de esos lugares sin dañar los sitios o el medioambiente.

Millones de personas de todo el mundo visitan esos sitios cada año. ¿Cómo puede protegerlos el NPS de las manos humanas? Se necesita mucha planificación, preparación y supervisión. A las personas que trabajan para el NPS las motiva el futuro. Solo si preservamos estas maravillas nacionales, podrán disfrutarlas las futuras generaciones. Las personas del pasado trabajaron para preservar los parques para el presente. Y es justo que las personas del presente hagan lo mismo por las personas del futuro. Para eso trabaja el NPS.

Unos turistas toman fotos en el parque nacional del Gran Cañón, en Arizona.

Los senderos permiten a las personas disfrutar de los parques sin dañar el lugar.

Los baños de los parques nacionales están diseñados para que sean funcionales y también agradables.

MATEMÁTICAS

Con números

Las instalaciones permiten que los visitantes exploren el lugar sin dañarlo. Eso incluye baños, cestos de basura, senderos y mucho más. Saber cuántas personas es probable que visiten el parque ayuda a los ingenieros a calcular qué deben construir. Se hacen estudios para calcular cuántas personas pueden visitar un sitio por día y por año.

Los ingenieros hicieron huecos en este árbol caído en el parque nacional Redwood, en California, para convertirlo en un pasadizo que mantiene la **armonía** con el paisaje.

Este sendero ubicado en el parque nacional Zion, en Utah, permite que los visitantes se sientan parte del lugar.

El movimiento a favor de los parques nacionales comenzó en Estados Unidos, pero en la actualidad casi 100 países del mundo tienen tierras protegidas como parques nacionales.

Desde luego, los sitios no solo se protegen por el placer que brindan. La naturaleza, cuando el ser humano no interviene, se adapta para conservar su equilibrio. Así es como el planeta se mantiene sano. ¡Y los seres vivos dependen de la salud del planeta!

¿Cómo hace el NPS para ayudar a mantener ese equilibrio cuando tantas personas pueden pisotear un lugar? Todo comienza con las normas de diseño. Son indicaciones que ayudan a los diseñadores de los parques a preparar el sitio para los visitantes.

Normas de diseño del NPS

Las normas de diseño básicas del NPS están en la Ley Orgánica de 1916. El objetivo de esa ley es preservar la tierra, los animales y los objetos de los sitios. En definitiva, lo que el NPS quiere es que los sitios estén "en perfectas condiciones para el disfrute de las generaciones futuras". En otras palabras, nada de lo que se haga debe afectar las áreas protegidas.

Para lograrlo, hay algunas reglas. Primero, el sitio debe ser armonioso. Eso significa que cualquier cambio que se haga debe ser adecuado para el lugar. Todos los cambios y los materiales también deben ser **compatibles**. Deben funcionar a favor de los procesos naturales del área y no en su contra.

Unos visitantes recorren un camino en el parque nacional de Yellowstone.

Los diseños del NPS también deben ser **estéticamente** agradables. Eso significa que deben agradar a los sentidos. La armonía en el diseño ayuda a lograrlo. Los diseños deben ser funcionales y útiles. Deben integrarse bien con el entorno y ser fáciles de usar.

La **eficiencia** también es una parte importante de las normas de diseño. Los sitios deben consumir solo la energía y el agua que se necesitan, sin desperdiciarlas. Los recursos son valiosos. Deben usarse de manera inteligente.

Un guardaparques les habla a unos visitantes que están sentados en un anfiteatro.

INGENIERÍA

¿Me oyen ahora?

Algunos parques nacionales tienen **anfiteatros** al aire libre. Eso permite que los guardaparques y otras personas puedan hablar o hacer demostraciones ante una multitud. Los anfiteatros están construidos para brindar una buena acústica de manera natural. Están diseñados en pendiente y forman un semicírculo. Las paredes de piedra o los árboles ayudan a amplificar el sonido. Los ingenieros de los parques utilizan la inclinación del terreno para encontrar las mejores soluciones.

Las normas también exigen que los diseños sean **costo-efectivos**. Eso significa que el dinero debe gastarse de forma razonable. No se permiten gastos excesivos. Al fin y al cabo, se usa dinero de los impuestos para diseñar y mantener el sitio. El público espera que ese dinero se use sabiamente.

Por último, los diseños deben incluir acceso **universal**. Todas las personas deben poder usar los servicios del parque nacional, sin importar cuáles sean sus capacidades. Se diseñan y se construyen elementos como rampas para sillas de ruedas, pasamanos y senderos planos. Los ingenieros se aseguran de que el público pueda usar y disfrutar los sitios.

El sendero que conduce a estos baños accesibles brinda acceso universal.

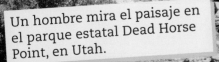

Un hombre mira el paisaje en el parque estatal Dead Horse Point, en Utah.

Soluciones de ingeniería

Desde sus comienzos, el NPS tuvo la meta de mantener un equilibrio entre la preservación del medioambiente y el acceso del público. Eso se logra mediante un diseño inteligente y creativo de carreteras, puentes, áreas de campamento y otros elementos. Se requiere un equipo de personas muy capacitadas para hacer lo que se necesita y a la vez cumplir con las normas de diseño del NPS. Ingenieros, arquitectos y científicos trabajan codo a codo para lograr eso.

mapa de los puentes de Yellowstone

Hay 29,000 kilómetros (18,000 millas) de senderos por tierra y agua en la totalidad de los parques nacionales. ¡Un excursionista muy experimentado necesitaría aproximadamente dos años para recorrer todos esos senderos!

El público no nota muchas de las cosas que hacen los diseñadores. Para verlas, ¡hay que mirar con cuatro ojos! Los diseños se integran a la perfección con la naturaleza. Y así es como se supone que debe ser. Por ejemplo, cuando el público necesitaba un acceso para pasar al otro lado de una montaña en Yosemite, los ingenieros idearon una solución que casi no se nota. Construyeron el túnel de Wawona. El túnel no afecta el paisaje en absoluto. A primera vista, parece parte de la naturaleza. Pero las personas pueden conducir directamente a través de la montaña. Ese es solo uno de muchos túneles parecidos que hay en ese y otros parques. Esos túneles tampoco dañan el ecosistema. Y muchas personas disfrutan al usarlos y verlos.

túnel de Wawona

construcción en la carretera Going-to-the-Sun, alrededor de 1927

Las carreteras también son importantes para los parques. Deben estar diseñadas de forma tal que las personas puedan ver lo mejor que el parque tiene para ofrecer. Pero no deben obstruir la vista ni dañar el medioambiente. Tim Davis, historiador del NPS, dice: "La experiencia de conducir por las carreteras del parque nacional es la principal experiencia para muchas personas". Así es como las personas acceden a los parques. Davis afirma que las carreteras están "coreografiadas". Para eso se recurre a ingenieros muy capacitados. Ellos diseñan y supervisan la construcción de las carreteras. Cada carretera se planifica teniendo en cuenta las necesidades del parque.

Veamos, por ejemplo, la carretera Going-to-the-Sun del parque nacional de los Glaciares, en Montana. Planificar y construir la carretera llevó más de 10 años. En un principio, fue diseñada por George Goodwin, el primer ingeniero que trabajó para el NPS. Pero su diseño no estaba en armonía con el terreno. No se ajustaba a la visión del NPS, orientada a preservar y proteger. El NPS decidió que otros ingenieros completaran la carretera. Su misión era demasiado importante para pasarla por alto. Hoy, esa carretera es una de las más usadas y conocidas de todos los parques nacionales.

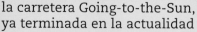

la carretera Going-to-the-Sun, ya terminada en la actualidad

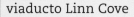
viaducto Linn Cove

Utilidad y belleza

Cuando construyen parques de acceso público, los ingenieros del NPS trabajan para combinar utilidad y belleza. Un gran ejemplo de eso es el **viaducto** Linn Cove, de Blue Ridge Parkway. La carretera atraviesa varios parques protegidos. Pero una pequeña sección del camino era difícil de diseñar sin dañar las tierras. Los ingenieros finalmente encontraron la forma de elevar la carretera por medio de **pilares**. Ahora, la carretera rodea una montaña como si flotara en el aire.

Un paseo por Yellowstone

¿Cómo se diseña un parque nacional? La historia de Yellowstone ofrece algunos detalles.

Los científicos hicieron el primer estudio **topográfico** de esas tierras en la década de 1870. Analizaron en detalle la geografía y la **geología** de la zona. Usaron la información para planificar el acceso del público al parque. La primera estructura del parque fue un puente cerca de las cascadas Tower. El puente de madera atravesaba el río Yellowstone.

Tiempo después, el gobierno destinó fondos para que el Cuerpo de Ingenieros del Ejército de Estados Unidos (USACE, por sus siglas en inglés) administrara el parque. Le dio al USACE la tarea de diseñar el parque de forma tal que preservara Yellowstone. El capitán Dan C. Kingman encabezó el proyecto. Fue el primer ingeniero del parque.

El equipo de Kingman construyó más puentes, carreteras y senderos. Esas fueron las únicas obras que se hicieron al comienzo. No se agregaron áreas de campamento ni otras instalaciones. No había electricidad ni agua corriente. No era fácil acceder al parque. Solo cuando se formó el NPS se agregaron otros servicios para facilitar el acceso para todos.

Esta fotografía tomada alrededor de 1879 muestra el primer puente de Yellowstone.

Dan C. Kingman

Yellowstone tiene una superficie de más de 9,000 kilómetros cuadrados (3,500 millas cuadradas). ¡Es más del doble del tamaño que tiene el estado de Rhode Island!

Rhode Island

parque nacional de Yellowstone

Hiram Chittenden fue el segundo ingeniero del USACE que dirigió el parque. Se encargó del desarrollo de Yellowstone. Se le conoce principalmente por haber agregado una gran red de carreteras en el parque. Uno de sus logros más importantes fue una carretera que hace todo un circuito alrededor del área. Al principio, los visitantes tenían que volver atrás por las carreteras para explorar el parque y para salir. Con este diseño circular, podían explorar y seguir avanzando. El sistema en circuito se convirtió en el estándar de muchos parques nacionales.

Chittenden también era un buen **publicista**. Escribió sobre el parque y atrajo el interés del público. También encontró la manera de conseguir más fondos. De hecho, consiguió cerca de un millón de dólares, una cifra enorme para la época. El dinero se usó para tareas de construcción. El liderazgo de Chittenden ayudó a que el parque tuviera un gran desarrollo. Su trabajo también marcó estándares para el NPS que siguen usándose hoy. Para muchos, Chittenden fue el primer ingeniero importante del NPS. Su legado no solo se puede ver en Yellowstone, sino en todo el sistema de parques.

Chittenden reconstruyó con hormigón el viaducto de madera Golden Gate que había construido Kingman.

carretera del circuito Grand Loop, en Yellowstone

dibujo del circuito Grand Loop realizado en el año 1999 aproximadamente

EXPERIENCING WONDERLAND
A GRAND·TOUR OF YELLOWSTONE PARK

Traveling along the Grand Loop Road of Yellowstone National Park, visitors encounter many interesting and magnificent views of both the natural and built environment.

These vignettes representing scenic features and historic structures throughout the park reflect only a few of the many wonders and varied landscapes that Yellowstone has to offer.

YELLOWSTONE NATIONAL PARK

TERRACES at MAMMOTH HOT SPRINGS

THE HOODOOS / SILVERGATE

TOWER FALLS below OVERHANGING CLIFF

THE GRAND LOOP

Mammoth

Tower Junction

Norris Junction

Canyon Junction

Madison Junction

WHITE DOME GEYSER in the Lower Geyser Basin

Fishing Bridge Junction

West thumb Junction

LOWER FALLS in Grand Canyon of the YELLOWSTONE

OLD FAITHFUL INN and GEYSER in the Upper Geyser Basin

LAKE HOTEL

TECNOLOGÍA

Tecnología básica

Cuando Chittenden llegó por primera vez para hacer su trabajo, acababa de recuperarse de una enfermedad grave. Las condiciones en el lugar eras duras. ¡Y había tormentas! Pero el trabajo debía hacerse de inmediato: tenía que diseñar una nueva carretera. Con solo un palo largo, un nivel de mano y su inteligencia, diseñó la carretera que se necesitaba.

Hiram Chittenden

Arquitectura rústica

Desde los tiempos de Chittenden hasta la actualidad, los ingenieros y los arquitectos del NPS han trabajado juntos. Encontraron un estilo que cuida la naturaleza y a la vez es funcional para el público. En la actualidad, ese estilo se conoce como parquitectura, o arquitectura rústica. *Parquitectura* es una combinación de *parque* y *arquitectura*. El estilo se caracteriza por construcciones de aspecto rústico, que imitan el exterior. Las construcciones forman parte del parque. Por lo general se hacen con materiales del lugar, como piedra y madera. Se utilizan tablas, vigas y tejas de madera, y pintura con tonos de color tierra. Esas construcciones parecen un elemento más del paisaje que las rodea. Es el objetivo principal de ese estilo.

La arquitectura rústica se puede ver en todo Yellowstone. Por ejemplo, el hotel Old Faithful se parece a las montañas cercanas. Tiene el techo en punta y **sobresale** en el paisaje. Una gran zona abierta en el interior del edificio da la sensación de estar en un espacio abierto, como sucede al mirar el paisaje. Las ventanas amplias ofrecen una vista del géiser Old Faithful. Ese es el géiser que atrae a tantos visitantes a Yellowstone.

Ese estilo de diseño es tan común y uniforme que es fácil reconocerlo como el estilo del NPS.

Cuando el géiser Old Faithful entra en erupción, puede lanzar hasta 32,000 litros (8,400 galones) de agua a la vez. ¡El vapor puede superar los 177° Celsius (350° Fahrenheit)!

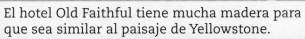
El hotel Old Faithful tiene mucha madera para que sea similar al paisaje de Yellowstone.

el hotel Old Faithful

Diseñar para el futuro

¡Las encuestas muestran que la mayoría de los estadounidenses apoyan completamente al NPS! Les gusta el trabajo que hace ese organismo para preservar la historia, la cultura y las maravillas naturales. El NPS tiene que encargarse de muchas cosas con un presupuesto **moderado**. Por eso, los ingenieros piensan en el futuro. Deben diseñar todo para que dure.

¡Y el NPS seguirá creciendo! Hay muchos más sitios que necesitan la protección del NPS. Desde luego, no todos los sitios cumplen los requisitos. ¿Qué sitio estará en el futuro del NPS? Sea cual fuere, deberá cumplir con las normas del NPS. El sitio debe ser un ejemplo sobresaliente en los de su tipo. Debe tener algo importante que hable del patrimonio nacional. Debe tener mucho que ofrecer en cuanto a la diversión del público o los estudios científicos. Y debe ser "verdadero, contundente y estar relativamente intacto".

Por suerte para todos, hay muchos sitios en todo el país que cumplen con esos requisitos, y hay muchas personas dispuestas a preservarlos y explorarlos. Como también dijo Woody Guthrie en su famosa canción:

"No habrá descanso, mi paso es firme.
Mientras avanzo, yo sé que soy libre.
Nadie me hará volver atrás.
Es nuestra tierra, nuestro hogar".

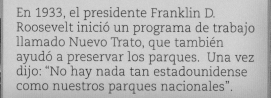

En 1933, el presidente Franklin D. Roosevelt inició un programa de trabajo llamado Nuevo Trato, que también ayudó a preservar los parques. Una vez dijo: "No hay nada tan estadounidense como nuestros parques nacionales".

Un científico coloca radiotransmisores en crías de cocodrilo en el parque nacional de los Everglades, Florida.

Un botánico examina la tierra en Yellowstone.

DESAFÍO DE CTIAM

Define el problema

Skyline Drive es una carretera panorámica que se extiende a lo largo de las montañas Blue Ridge de Virginia, en el parque nacional Shenandoah. Imagina que se agregará una sección a la carretera para ayudar a los conductores a bajar de la montaña de manera segura. Formas parte de un equipo de ingenieros a los que les han pedido que diseñen y construyan un modelo de la parte que se agregará a Skyline Drive en el estilo de arquitectura rústica.

Limitaciones: Tu diseño debe parecerse al paisaje real. La carretera debe incluir cinco curvas, y el punto de inicio debe estar a al menos 50 centímetros (aproximadamente 1.5 pies) del suelo.

Criterios: Tu carretera debe permitir que una canica ruede hacia abajo hasta el final. La canica debe permanecer en la carretera todo el trayecto.

Investiga y piensa ideas

¿Cuál es el propósito de las normas de diseño del NPS? ¿Cómo hacen los ingenieros para tener en cuenta el medioambiente al planificar el transporte a través de los parques nacionales?

Diseña y construye

Bosqueja tu diseño de la carretera. ¿Qué propósito cumple cada parte? ¿Cuáles son los materiales que mejor funcionarán? Construye el modelo.

Prueba y mejora

Suelta la canica en el inicio de la carretera y deja que ruede hacia abajo hasta el final. ¿Funcionó tu carretera? ¿Cómo puedes mejorarla? Modifica tu diseño y vuelve a intentarlo.

Reflexiona y comparte

¿Qué parte del diseño y la construcción del modelo fue la más difícil? ¿Qué tipos de problemas crees que enfrentan los ingenieros al construir carreteras, puentes y túneles en tierras preservadas? ¿Cómo podrían trabajar juntos los ingenieros y los científicos para resolver esos problemas?

Glosario

ambientalista: alguien que se preocupa por el cuidado de la naturaleza y el medioambiente

anfiteatros: escenarios al aire libre donde se realizan conciertos, obras de teatro y otros eventos

armonía: equilibrio entre las partes de algo, que hace que funcionen bien en conjunto

compatibles: que funcionan bien juntos

coreografiadas: planificadas cuidadosamente

costo-efectivos: que permiten obtener buenos resultados sin gastar mucho dinero

diversos: variados

eficiencia: la capacidad de producir sin desperdiciar tiempo ni recursos

estéticamente: de forma artística

federal: relacionado con el gobierno nacional

funcional: diseñado con un fin práctico

geología: el estudio de las rocas, el suelo y otros elementos para aprender sobre la Tierra y su historia

moderado: limitado

pilares: estructuras altas que sirven de apoyo

preservar: mantener algo en buenas condiciones y sin daños

publicista: una persona de negocios que promociona bienes o ideas

recursos: materiales naturales

sobresale: se destaca por su tamaño

topográfico: realizado para describir en detalle la superficie de un terreno

universal: que se aplica a todas las personas

urbanizar: construir edificios en una porción de tierra

viaducto: un puente largo que por lo general se usa como carretera o vía férrea sobre un valle

Índice

CONSEJOS PROFESIONALES
del Smithsonian

¿Quieres proteger la tierra?
Estos son algunos consejos para empezar.

"Para hacer mis investigaciones, viajo a lugares como Sudáfrica y Tanzania, América del Sur y Europa. Si quieres proteger la tierra, mira a tu alrededor. Piensa en qué son parecidos o diferentes los distintos lugares. Así entenderás mejor cómo puedes ayudar". —*Kim La Pierre, ecologista, conservación de ecosistemas*

"La naturaleza siempre me ha fascinado, y la ciencia está descubriendo cómo funciona. Aprender cómo funciona la naturaleza es esencial para ayudar a protegerla. Si quieres aprender sobre la tierra y protegerla, sal al aire libre y explora. Se necesitan muchas personas que trabajen juntas para salvar la tierra, y puedes empezar en cualquier momento". —*Bert Drake, fisiólogo botánico*